40 fantásticos experimentos

Materiales y materia

Aribau 197-199 3ª planta
08021 Barcelona

Dinamarca 81
México 06600, D.F.

Valentín Gómez 3530
1191 Buenos Aires

21 Rue du Montparnasse
75298 París Cedex 06

Para Kingfisher Publications Plc

Gerencia de edición Clive Wilson
Gerencia de producción Oonagh Phelan
Coordinación DTP Nicky Studdart

KINGFISHER
Kingfisher Publications Plc
New Penderel House,
283–288 High Holborn,
Londres WC1V 7HZ

Producido para Kingfisher por PAGEOne
Cairn House, Elgiva Lane, Chesham,
Buckinghamshire HP5 2JD

EQUIPO EDITORIAL DE LAROUSSE

Director editorial de la versión en lengua española
   para América Latina Aarón Alboukrek
Editor asociado Luis Ignacio de la Peña
Coordinación editorial Verónica Rico
Traducción-Adaptación de Larousse con la
   colaboración de Leonardo Martínez
Formación y composición tipográfica Rossana Treviño

Primera edición de Kingfisher Publications Plc 2001

© MMI Kingfisher Publications Plc
"D. R." © MMIII, por Ediciones Larousse, S. A. de C. V.
             Dinamarca núm. 81, México 06600, D. F.

ISBN 0-7534-0273-4 (Kingfisher Publications Plc)
ISBN 970-22-0862-9 (Larousse México, colección completa)
ISBN 970-22-0865-3 (Larousse México, Materiales y materia)

*Larousse y el logotipo Larousse son
marcas registradas de Larousse, S. A.*

Impreso en China

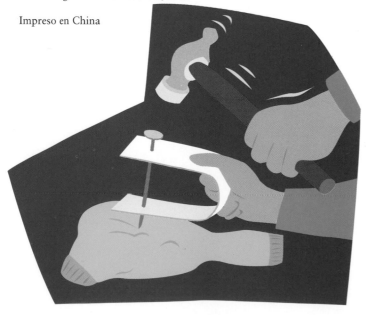

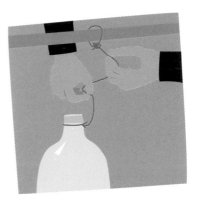

CONTENIDO

Antes de empezar

Nuestro mundo está hecho de materia. Pero, ¿qué es eso? Cualquier cosa que tenga masa y ocupe un espacio es materia, como nuestros cuerpos, el aire que respiramos y el agua que bebemos. Las materias que usamos para fabricar objetos se llaman materiales.

Algunos materiales son naturales, como las rocas, la tierra, el aire, el agua y la madera.

Los metales, el vidrio, los plásticos y el papel son materiales fabricados (hechos por personas).

En este libro aprenderás cómo se comportan diferentes materias y materiales. Descubrirás cómo se prueban y escogen los materiales empleados en las industrias y la construcción.

Los materiales adecuados

Necesitarás objetos cotidianos, como cuerda, gomas elásticas, una botella de plástico y otros objetos de la cocina.

botella de plástico transparente y vaso de vidrio

filtro de café

cernidor de harina

prensador de papas

cuerda

gomas elásticas

Organízate

Lleva a cabo los experimentos en una mesa firme. No olvides cubrirla con papel periódico.

Si vas a usar agua, coloca tus materiales sobre una bandeja plana, por si tiras algo.

Antes de usar el martillo, coloca una tabla vieja de cortar sobre la mesa o el piso.

El reloj

El reloj que se encuentra al principio de cada experimento te indica aproximadamente cuántos minutos toma cada actividad. Los experimentos duran entre 5 y 40 minutos. Si utilizas pegamento, necesitarás un poco más de tiempo que el indicado.

¡Precaución!

Para algunas de estas actividades necesitarás usar calor, fuego o un martillo. Pídele ayuda a un adulto en esas y otras actividades que lleven este símbolo.

No toques tu rostro ni te frotes los ojos, en especial si has usado materiales como la sal, sosa o tierra.

Lávate siempre las manos y límpiate bien las uñas después de cada experimento.

¿Tienes dificultades?

No te des por vencido si tienes problemas con alguna actividad. ¡Hasta Einstein tuvo malos ratos!

Si las cosas no salen, relee cuidadosamente las instrucciones e inténtalo de nuevo.

Si en verdad tienes problemas, pídele a una persona adulta que te ayude. Tus maestros te ayudarán si les muestras este libro.

¿Palabras desconocidas?

Si encuentras palabras que no entiendes o si quieres aprender un poco más, échale un vistazo al Glosario (páginas 38 y 39).

Mellar y prensar

Cada tipo de material tiene propiedades diferentes. Por ejemplo, el material de tu ropa es suave y elástico, mientras que los materiales de construcción (como el concreto y los ladrillos) son duros y fuertes. Los científicos prueban los materiales para medir y comparar sus propiedades. Así determinan cuáles son los mejores materiales para fabricar o manufacturar diferentes objetos.

¿Duro o suave?

Trata de mellar o rasguñar un material y verás su dureza. Pídele permiso a un adulto para usar un martillo y ayuda para esta actividad.

NECESITARÁS

- UN CLAVO DE 10 CM
- UN MARTILLO
- UN CALCETÍN O MEDIA VIEJA
- CARTULINA DE 50 x 25 CM
- UNA LUPA
- UNA TABLA DE COCINA VIEJA
- DIVERSOS MATERIALES SÓLIDOS (MADERA, UNA MACETA DE ARCILLA O BARRO, CUCHARAS DE METAL Y DE PLÁSTICO, UNA PIEDRA, UNA GOMA)

20

1 Haz un hoyo de 2 cm en cada extremo del pedazo de cartulina. Dóblala para formar una 'U' y coloca el clavo a través de los hoyos. Asegúrate de que esté firme.

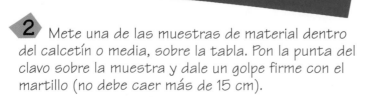

3 Saca la muestra del calcetín o media. Obsérvala a través de la lupa. ¿Tiene melladuras o rasguños? Repite los pasos 2 y 3 con otros materiales. Observa qué les pasa.

2 Mete una de las muestras de material dentro del calcetín o media, sobre la tabla. Pon la punta del clavo sobre la muestra y dale un golpe firme con el martillo (no debe caer más de 15 cm).

¿Qué sucede?

Cada material reacciona de manera diferente a un golpe fuerte. La piedra y la cerámica son tan duras que no sufren rasguños, pero son quebradizas y pueden hacerse añicos. Los metales son quebradizos, pero duros. El clavo dejará un leve rasguño en ellos. La madera es más suave: el clavo hará un hoyo en ella. Los plásticos pueden ser suaves, duros, resistentes o quebradizos.

Prensando materiales

Coloca tus muestras sobre la tabla y oprímelas con el prensador de papas. Observa cómo cambia cada material cuando presionas con más fuerza.

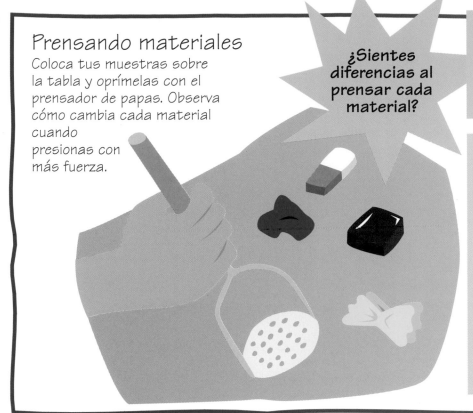

¿Sientes diferencias al prensar cada material?

NECESITARÁS
◆ UN PRENSADOR DE PAPAS
◆ PEDAZOS DE GOMA DE LÁPIZ, PASTA SECA, PLASTILINA

5

¿Qué sucede?

Al oprimir un material, estás probando su resistencia a la fuerza de compresión. Los materiales elásticos (la goma) saltan cuando dejas de presionar. Las sustancias quebradizas (la pasta) se hacen añicos. La plastilina no es elástica como la goma y la fuerza la deshace, de tal modo que pasa por los hoyos del prensador de papas.

INTERESANTE

El primer metal

Hace unos 6 500 años, la gente de Egipto descubrió el primer metal: el cobre. Como la mayor parte de los metales, el cobre se encuentra en minerales. Los egipcios metían aire a presión al horno para calentar al blanco el carbón vegetal. Así liberaban el cobre, el cual usaban para fabricar utensilios y otros objetos.

LOS MATERIALES EN TU VIDA

¿Qué tanto de tu mundo es natural? Los materiales naturales que encontrarás con más frecuencia son la madera, la roca, el algodón y la lana. Muchos son fabricados. Los plásticos se hacen de petróleo crudo. Los metales, como el hierro, se extraen de minerales rocosos.

Elasticidad

El grado hasta el cual puede tirarse de un material y estirarlo se conoce como su resistencia a la tensión. Los ingenieros escogen materiales con gran resistencia para funciones específicas. Por ejemplo, la gran resistencia a la tensión del cable de acero de una grúa le permite sostener una carga muy pesada.

Hilos y alambres

Compara la resistencia a la tensión de tres materiales distintos. ¡No olvides cambiar el material al repetir el experimento!

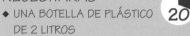

NECESITARÁS
◆ UNA BOTELLA DE PLÁSTICO DE 2 LITROS
◆ UN PALO DE ESCOBA
◆ DOS BANCOS O DOS SILLAS
◆ JARRA MEDIDORA CON UN LITRO DE AGUA
◆ UN ROTULADOR
◆ TRES HILOS DEL MISMO GROSOR: POR EJEMPLO, LANA, HILO DENTAL (NAILON) Y ALAMBRE DE COBRE

1 Coloca la escoba entre los dos bancos, como se ven en el dibujo.

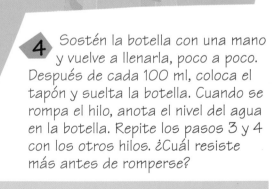

2 Vierte un litro de agua en la botella. Hazlo lentamente, para marcar el nivel de agua en la botella por cada 10 ml que viertas. Cien mililitros tienen una masa de 100 g. Tus marcas indicarán 100 g, 200 g, 300 g, etc.

3 Vacía la botella. Ata un extremo de uno de los hilos alrededor del cuello de la botella y el otro extremo en la escoba. La botella no debe tocar el piso.

4 Sostén la botella con una mano y vuelve a llenarla, poco a poco. Después de cada 100 ml, coloca el tapón y suelta la botella. Cuando se rompa el hilo, anota el nivel del agua en la botella. Repite los pasos 3 y 4 con los otros hilos. ¿Cuál resiste más antes de romperse?

¿Qué sucede?

La gravedad actúa sobre el agua en la botella. Esto crea tensión sobre el hilo y hace que se estire y, finalmente, se rompa. El grosor y el material del hilo determinan cuan rápido se rompe. La lana, una fibra natural, no es muy fuerte. El hilo dental (hecho de nailon, un tipo de plástico) y el hilo fusible (de cobre) tienen una resistencia a la tensión mucho mayor.

Probando hojas delgadas

Recorta tiras de cada material, de 1 cm de ancho y 15 cm de largo. Extiéndelas con firmeza, una a la vez, alrededor de la pinza. Aprieta la pinza cada vez más fuerte hasta que el material se rompa.

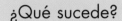
¿Qué material se rompe con más facilidad?

NECESITARÁS   15
◆ HOJAS DELGADAS DE:
   BOLSAS DE PAPEL, PELÍCULA
   AUTOADHERIBLE, PAPEL PERIÓDICO
   Y TOALLA DE PAPEL
◆ UNA PINZA DE ROPA
◆ UNAS TIJERAS

¿Qué sucede?

Algunos materiales son más elásticos que otros, y por eso se estiran más antes de romperse. Los papeles se hacen de partículas llamadas fibras, que se rompen con facilidad. Los plásticos, como la película autoadherible, son de moléculas que se mantienen juntas con fuerza y son más difíciles de romper.

INTERESANTE

Bolsas de plástico

El polietileno está compuesto por el gas eteno. Fue inventado en 1933 en el Reino Unido. Era usado para aislar los cables de los radares aeronáuticos. En la década de 1950, el polietileno reemplazó al papel para envolver comida y para fabricar bolsas. Hoy en día, usamos bolsas de plástico como éstas al ir de compras, pero, si les metes demasiadas cosas, se romperán.

GRÚAS Y CABLES

Los cables de una grúa están hechos de acero. Pueden levantar grandes cargas sin romperse. Su resistencia a la tensión es cuatro veces mayor que la del cobre y diez veces mayor que la del nailon.

Tierra

La tierra es uno de los materiales más importantes del planeta. Casi todas las plantas necesitan tierra para crecer y muchos animales dependen de las plantas para alimentarse. Si no hubiera tierra, prácticamente no habría vida fuera de los mares. Hay muchos tipos de tierras, pero todos son mezclas de arena, arcilla y los restos descompuestos de plantas (humus).

Probando la tierra

Descubre de qué está hecho el suelo de tu comunidad, cuánta agua absorbe y cómo se filtra el agua a través suyo.

NECESITARÁS **20**
- TIERRA SECA
- UNA BOTELLA PARA BEBER DE 500 ML
- UNA CUCHARA
- TIJERAS
- ALGODÓN ABSORBENTE
- UNA CUCHARA GRANDE
- UNA JARRA MEDIDORA (CON AGUA)

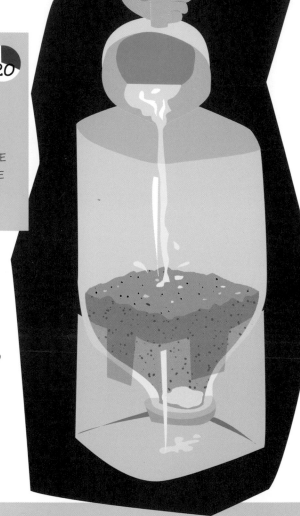

1 Corta la botella a la mitad. Haz dos cortes en cada lado de la parte inferior de la botella. Dóblalos hacia adentro para formar cuatro lengüetas.

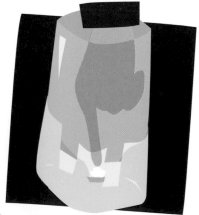

2 Voltea la parte superior de la botella para formar un embudo. Métalo en la parte inferior. Las lengüetas deben sujetar el cuello de la botella. Aprieta un pedazo de algodón en el interior del cuello de la botella.

3 Añade seis cucharadas grandes de tierra y con cuidado agrega 200 ml de agua. Mide cuánto tiempo tarda el agua en pasar a través de la tierra. Calcula la cantidad de agua que sale de la tierra.

¿Qué sucede?

El agua escurre a través de la tierra goteando a través de los espacios entre las partículas del suelo. No toda el agua pasa: parte es absorbida por la arcilla y el humus. Cuanto más arenosa sea la tierra, más agua pasará a través de ella, dado que la arena no absorbe agua. Las partículas de arcilla son cien veces más pequeñas que los granos de arena. Bloquean los espacios entre la arena y el humus y hacen más lento el paso del agua. Algunas tierras arcillosas impiden la filtración del agua. Según la cantidad de agua que gotea, puedes saber si tu tierra es arenosa o arcillosa.

¿Cómo es tu tierra?

Llena un cuarto de la botella con tierra y, luego, llena dos tercios con agua. Enrosca la tapa y agita la botella con fuerza. Ponla en una superficie firme y observa cómo se asientan las capas de la tierra.

humus

partículas de arcilla flotando

arcilla

lodo

arena

grava

¿Qué sucede?

Los granos de arena y grava son los primeros en asentarse. La siguiente capa es de arena y sedimento, seguida por la arcilla. Sobre ésta flotan partículas de arcilla, demasiado pequeñas para asentarse. Quizá veas humus flotando. Realizando pruebas con diferentes muestras de suelo, observarás las diferencias entre la tierra de diferentes lugares.

La dureza de las piedras

Frota cada piedra contra el papel de lija y observa cómo se va convirtiendo en polvo. Observa la superficie frotada para ver qué tan suave o áspera está.

¿Cómo se forma la arena natural?

¿Qué sucede?

El papel de lija está cubierto por partículas muy duras y abrasivas (ásperas). Con facilidad cortan la roca suave y la dejan como polvo arenoso. El clima afecta de la misma manera a las rocas, pero un gran bloque de piedra se convierte en granos de arena en millones de años.

RESERVA DE TIERRA

Por todo el mundo, crecen plantas de montaña en reservas de tierra entre las grietas de las piedras. La tierra contiene los elementos químicos necesarios para ellas.

Calor en movimiento

El calor pasa a través de los sólidos por un proceso conocido como conducción. Los metales y otros materiales permiten que el calor pase con facilidad. Son buenos conductores de calor. Otros materiales, como el papel y los plásticos, no permiten el paso fácil del calor. Se les conoce como aislantes y son conductores deficientes. Se usan para mantener el calor de los objetos.

Pérdida de calor
Las bebidas calientes se enfrían porque el calor pasa del líquido (caliente) al aire exterior (frío).

Mantener el calor

Descubre cuál aislante mantiene caliente una bebida por más tiempo.

NECESITARÁS
- CUATRO TAZAS GRANDES DE PORCELANA
- UNA BOLSA DE POLIETILENO CON ASAS
- CUATRO GOMAS ELÁSTICAS DELGADAS
- PAPEL PERIÓDICO
- ALGODÓN ABSORBENTE
- AGUA TEMPLADA
- UN RELOJ

20

1 Coloca varias capas de periódico alrededor de una taza y mantenlas en su lugar con la goma. Cubre otra taza con algodón. Coloca la tercera taza boca arriba dentro de una bolsa de polietileno abierta. No le hagas nada a la cuarta taza.

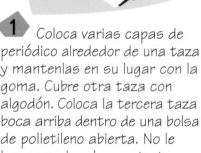

2 Pídele a un adulto que caliente agua hasta que esté ligeramente caliente (45° C). Llena las tazas al mismo nivel (hasta 2 cm del borde). Cierra la bolsa de polietileno con una goma elástica (no debe quedar apretada).

¿Qué sucede?

Seguramente, el agua de la taza dentro de la bolsa mantuvo más el calor, mientras que el agua en la taza descubierta se enfrió más. El aire es un buen aislante, siempre y cuando no se mueva mucho. La bolsa de polietileno mantiene una capa de aire alrededor de la taza: esto impide que escape el calor. La lana atrapa aire entre sus fibras. El periódico también retiene aire, pero menos que la lana. La mayor parte de los materiales aislantes aprovechan el aire atrapado para evitar que se disperse el calor.

3 Después de 15 minutos, toca el agua de cada taza con un dedo. Coloca las cuatro tazas en orden, de la más fría a la más caliente.

Probar la conducción del calor

Pega una cuenta en el mango de una cuchara con un pedazo de mantequilla o margarina. Coloca el plato sopero sobre papel periódico y coloca las cucharas de modo que sus mangos queden fuera del borde. Pídele a un adulto que vierta agua recién hervida en el plato. Cuenta el tiempo que tarda cada cuenta en caer de su cuchara.

NECESITARÁS

20

◆ MANTEQUILLA O MARGARINA
◆ TRES CUCHARAS (1 DE METAL, 1 DE PLÁSTICO, 1 DE MADERA)
◆ UN BOL DE VIDRIO REFRACTARIO
◆ TRES CUENTAS DE PLÁSTICO
◆ AGUA HIRVIENDO (PÍDESELA A UN ADULTO)
◆ PAPEL PERIÓDICO

¿Por qué se caen las cuentas?

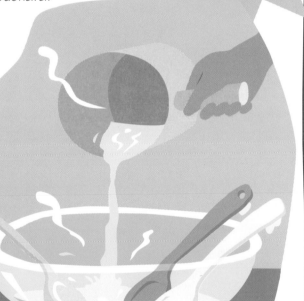

¿Qué sucede?

A causa de la conducción, el calor sube por el mango de la cuchara, hasta que se derrite la mantequilla y se cae la cuenta. El metal es mejor conductor que la madera o el plástico. La punta de la cuchara de metal se calienta más rápido y su cuenta es la primera en caer. La última en caer es la de la cuchara de madera. El aire contenido en la madera la hace un mal conductor de calor.

INTERESANTE

El calor es una forma de energía

Hasta hace unos 200 años, los científicos pensaban que el calor era un fluido invisible. Sin embargo, en 1851, William Thomson introdujo la idea moderna de que a veces el calor incrementa la energía de las partículas de un objeto y hace que se muevan más rápido.

CALOR INVERNAL

¿Sabes por qué las aves de climas fríos se esponjan en invierno? Las fibras bajo sus alas atrapan capas de aire. Estas capas aislantes reducen la pérdida de calor y mantienen calientes a las aves.

Sólidos, líquidos y gases

Nuestro mundo está compuesto por millones de materiales diferentes, pero casi todos se encuentran en tres estados principales: sólido, líquido y gaseoso. Los sólidos son duros y tienen una forma fija (ladrillos, cubitos de hielo). Los líquidos son fluidos y no tienen forma fija (agua). Su superficie es plana y se adaptan a la forma del recipiente que los contiene. Los gases se expanden en todas direcciones, así que los mantenemos en recipientes cerrados.

Siente la diferencia

Observa lo que sucede cuando aprietas un gas (aire), un líquido (agua) y un sólido (hielo). ¡Necesitarás tiempo adicional para hacer hielo en el paso 3!

NECESITARÁS 15
- UNA BOTELLA VACÍA DE 500 ML CON TAPA DE ROSCA
- AGUA
- UN GLOBO GRANDE
- UN CONGELADOR

1 Toma la botella vacía. Cierra la tapa con firmeza. Aprieta la botella con tu mano. ¿Qué le pasa a la botella?

3 Llena un globo con agua y amárralo bien. Aprieta el globo y siente cómo se mueve el agua en su interior. Pon el globo en el congelador. Después de una hora, trata de mover el agua otra vez.

2 Destapa la botella y llénala con agua hasta que se desborde. Cierra la tapa con fuerza. Aprieta la botella de nuevo. ¿Sigue siendo fácil?

¿Qué sucede?

El aire es un gas y es comprimible. Por eso puedes reducir su volumen. El agua es un líquido y no es comprimible: por eso no puedes apretar la botella llena de agua. Los líquidos y los gases son llamados fluidos porque pueden fluir de un lugar a otro. Cuando la temperatura baja a menos de 0° C, el agua se congela y se convierte en hielo sólido. Los sólidos no fluyen y no son comprimibles.

La masa de los gases

Ata un hilo a cada extremo de la vara. Ata el otro extremo a la anilla de una de las latas. Cuelga la vara del centro del banco, de modo que las latas queden equilibradas. Pídele a un adulto que abra un poco una de las latas. Después, déjalas colgar en equilibrio.

¿Cuánto tiempo se mantienen en equilibrio?

15

NECESITARÁS

◆ DOS LATAS CON ANILLA DE BEBIDAS GASEOSAS
◆ UNA VARA DELGADA DE MADERA DE 30 CM DE LARGO
◆ UN BANCO O UNA SILLA
◆ HILO

¿Qué sucede?

Observa cómo se perturba el equilibrio: la lata abierta se eleva un poco. Esto se debe a que su líquido contiene dióxido de carbono: un gas disuelto en el agua de sabor. Una vez que está abierta la lata, el dióxido de carbono comienza a escapar poco a poco. La masa del líquido disminuye y el contenido de la lata abierta pesa menos que cuando estaba cerrada.

INTERESANTE

El químico inglés John Dalton (1766-1844) decía que la materia está compuesta por partículas invisibles. En los sólidos, estas partículas están muy pegadas, pero en los líquidos se deslizan unas entre otras. Las partículas de los gases están separadas y se mueven a gran velocidad.

LANCHA NEUMÁTICA

El aire y otros gases están hechos de partículas separadas. Sin embargo, para inflar esta lancha neumática de rescate, se bombea aire a presión para juntar al máximo las partículas de aire. Por eso esta lancha se desplaza, ligera y firme, sobre el agua.

Mezclar materiales

La mayor parte de los materiales no están hechos de una sola sustancia pura. Lo normal es que tengan muchas sustancias mezcladas de diferentes modos. Por ejemplo, la masa para pasteles o tortas es una mezcla de harina, grasa y agua, mientras que las bebidas gaseosas tienen agua, azúcar, saborizantes y dióxido de carbono. Cada mezcla requiere ingredientes específicos.

Soluciones

Al mezclar agua con azúcar o sal obtendrás lo que se conoce como una 'solución'. Una solución no actúa como agua normal.

NECESITARÁS 20
- AGUA TEMPLADA
- MATERIALES SÓLIDOS (AZÚCAR, SAL, ARENA)
- CUATRO TAZAS DE PLÁSTICO TRANSPARENTE
- UNA CUCHARITA PARA TÉ
- UNA LUPA
- UN CONGELADOR

¿Cuáles granos desaparecen en el agua?

1 Coloca unos cuantos granos de cada sólido en la mesa. Estúdialos con la lupa. ¿Son diferentes en tamaño y forma? Los granos de sal y azúcar tienen lados rectos y se les llaman cristales.

2 Llena una de las tazas hasta la mitad con agua templada. Añade una pizca de azúcar y observa qué sucede con cada grano. Ahora, añade una cucharada colmada de azúcar y agita la mezcla. Observa cómo se disuelven y desaparecen los granos.

¿Qué sucede?

Los cristales de azúcar y sal se disuelven (se deshacen) al mezclarlos con agua. A esto se le llama una solución de azúcar o de sal. Cuando los cristales se disuelven, se descomponen en partículas que no se ven a simple vista. Estas partículas se dispersan por toda el agua. Las sustancias disueltas hacen que la congelación se dé a temperaturas menores que los líquidos puros, por lo que las soluciones con azúcar y sal tardarán en congelarse más que el agua. A diferencia de éstas, la arena es insoluble (no se disuelve).

3 Llena otra taza a la mitad con agua. Coloca ambas tazas en el congelador por dos o tres horas. Revísalas cada 15 minutos para notar los cambios. Repite los pasos 2 y 3, primero con sal, y después, con arena.

El caso de los ingredientes del pastel o torta

Pídele a una persona adulta que te ayude a reunir los ingredientes y los utensilios para preparar unos pasteles pequeños. Observa cómo cambian los ingredientes al mezclarlos. Observa también los cambios que sufren mientras se cocinan en el horno.

¿Cómo se transforma la masa en un pastel o torta?

¿Qué sucede?

Es increíble la gran diferencia en sabor y apariencia entre un pastel ya cocinado y los ingredientes crudos iniciales. La mezcla del pastel suele consistir en harina, huevos, azúcar y grasa. Mientras se hornea, el calor hace que la mezcla se expanda y cambie de color, textura y sabor.

INTERESANTE

Un alquimista del siglo XVI en su laboratorio

Hace más de 400 años, los alquimistas fueron los primeros químicos. Hervían, derretían y disolvían sustancias, de manera más o menos parecida a la de los químicos modernos. Creían que al mezclar las sustancias adecuadas podrían transformar cualquier metal en oro. No sabían que las mezclas contienen sustancias dispuestas en un orden determinado.

ASERRAR AGLOMERADOS

La madera es un material ideal para fabricar muchas cosas. Sin embargo, su desventaja es que una tabla no puede ser más ancha que el tronco del árbol del que fue extraída. Por eso, los fabricantes producen aglomerado: astillas y aserrín unidos con pegamento. Viene en grandes láminas y es fácil darle la forma requerida.

Expansión y contracción

Al calentarse, los sólidos, los líquidos y los gases absorben energía y su temperatura aumenta. Conforme esto sucede, la sustancia se expande: su volumen se incrementa (ocupa más espacio). Cuando se va enfriando, pierde energía y su temperatura disminuye. El volumen se hace menor y la sustancia se contrae (se hace más pequeña).

Aire caliente y frío

Con esta actividad verás cómo el aire (un gas invisible) se expande y contrae al calentarse y enfriarse. Pídele a un adulto ayuda con la botella y el agua caliente.

NECESITARÁS

15

- ◆ UNA BOTELLLA DE VIDRIO, PEQUEÑA Y RESISTENTE
- ◆ UN POPOTE O PAJITA
- ◆ PLASTILINA
- ◆ UN TRAPO DE COCINA
- ◆ AGUA CALIENTE (PÍDESELA A UN ADULTO)
- ◆ UN PAÑO FRÍO Y HÚMEDO
- ◆ UN TAZÓN CON AGUA

¿Qué sucede?

Al calentar la botella con el trapo caliente, calientas el aire en su interior. La energía del calor hace que las pequeñas partículas de aire se muevan más rápido y que ocupen más espacio. En consecuencia, el aire se expande y sale burbujeando por el popote o pajita. Al enfriar la botella, el efecto es el contrario. Las partículas se desaceleran y ocupan menos espacio. El aire se contrae y entra agua a la botella.

1 Con suavidad, coloca un poco de plastilina alrededor del popote o pajita, cerca de un extremo. Empuja la plastilina con firmeza dentro del cuello de la botella para crear un sello hermético.

2 Pídele a un adulto que empape el trapo en agua caliente y que lo use para sostener la botella.

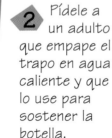

3 Voltea la botella de cabeza y sumerge la punta del popote o pajita en el agua del tazón. ¿Qué notas?

4 Mantén la punta del popote o pajita bajo el agua. Ahora, quita el trapo caliente y coloca el paño frío alrededor de la botella. ¡Observa qué sucede con el agua!

Calentando agua

Usa el mismo equipo que en 'Aire caliente y frío', pero llena la botella al tope con agua fría antes de colocar el popote o pajita. Asegúrate de que el agua llegue hasta la mitad del popote o pajita y haz una marca a esa altura. Coloca la botella en un tazón con agua caliente y observa el nivel del agua en la botella.

NECESITARÁS
10
- LA BOTELLA, EL POPOTE O PAJITA Y LA PLASTILINA DE ANTES
- UN TAZÓN CON AGUA CALIENTE (PÍDESELO A UN ADULTO)
- UN LÁPIZ

¿Los líquidos se expanden tanto como los gases?

¿Qué sucede?

Las partículas del agua se mueven más lento que las del aire. Las de los líquidos están más apretadas que las de los gases y deben rozarse al moverse. Al calentar el agua, las partículas se mueven más rápido, el líquido se expande y sube por el popote o pajita, aunque no se expande tanto como un gas.

El motor de gas de Lenoir

Construidas por vez primera en 1860, las máquinas de Lenoir fueron las precursoras de los motores de gasolina y diésel. Todos estos motores 'de combustión interna' queman una mezcla de combustible y aire dentro de un cilindro. El calor hace que los gases se expandan, lo cual obliga al pistón a moverse dentro del cilindro. El pistón está conectado a un manubrio que funciona como los pedales de una bicicleta y hace girar la rueda.

CÓMO FUNCIONA UN TERMÓMETRO

Cuando te toman la temperatura, el metal líquido (mercurio) dentro del termómetro reacciona a la temperatura de tu cuerpo expandiéndose. Al hacerlo, el mercurio se mueve a través de un tubo delgado con marcas para medir la temperatura.

Calentar sustancias

Al calentar una sustancia, su temperatura aumenta. El aumento de la temperatura hace que muchas sustancias cambien de forma. Por ejemplo, el agua burbujea cuando hierve y el pan queda tostado. Cuando se deja de calentar, la temperatura disminuye. El agua deja de burbujear: el cambio fue sólo temporal. Por otra parte, el pan no deja de estar tostado: el calor lo ha cambiado de manera permanente.

Calor suave

Algunas sustancias cambian con muy poco calor. No toques el foco de la lámpara, ya que estará caliente.

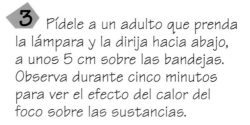

1 Recorta cuatro cuadrados de papel aluminio de 10 cm por 10 cm. Dobla los bordes y pellizca las esquinas para formar cuatro bandejas pequeñas con fondo plano.

2 Pon una muestra de las sustancias en cada bandeja. Cada una debe contener una sustancia diferente.

3 Pídele a un adulto que prenda la lámpara y la dirija hacia abajo, a unos 5 cm sobre las bandejas. Observa durante cinco minutos para ver el efecto del calor del foco sobre las sustancias.

4 Apaga la lámpara y aléjala de las bandejas. Agita cada sustancia con el popote o pajita para notar los cambios. Después, deja que se enfríen.

¿Qué sucede?

La lámpara aumenta la temperatura a cerca de 75° C y calienta las sustancias poco a poco. Recuerda, el agua hierve a 100° C. El chocolate, la mantequilla y la cera se derriten al calentarlos con este método. Cuando se enfrían, se vuelven sólidos de nuevo. El calor de la lámpara no es suficiente para afectar el azúcar, así que no sufre ningún cambio.

Más calor

Algunas sustancias necesitan un calor mayor para cambiar. Pon el horno a 200° C. Pon un poco de azúcar, sal y huevo (sin cascarón) en las bandejas de aluminio y colócalas en bandeja de horno. Pídele a un adulto que la ponga en el horno y sácala después de 15 minutos. ¿Cuáles sustancias han cambiado?

NECESITARÁS
◆ BANDEJAS DE ALUMINIO (LAS DE ANTES)
◆ AZÚCAR
◆ SAL
◆ UN HUEVO CRUDO
◆ UNA BANDEJA PARA HORNO

15

¿Qué sucede?

El azúcar se derrite a la temperatura del horno y empieza a transformarse en una sustancia marrón y pegajosa llamada caramelo. Al enfriarse, el caramelo se vuelve sólido. Es un cambio permanente. El huevo se cuece dentro del horno: es otro cambio permanente. Estos cambios se deben a que las partículas del azúcar y el huevo se separan y se reúnen en otra forma. La sal se derrite o funde a más de 850° C.

Alta temperatura

Pon un poco de azúcar en una cucharita vieja. Pídele a un adulto que encienda una vela y sostén la cuchara sobre la llama un rato. ¿Qué notas?

NECESITARÁS
◆ UNA CUCHARITA VIEJA
◆ AZÚCAR
◆ FÓSFOROS (PÍDESELOS A UN ADULTO)
◆ UNA VELA EN UN PLATO CON AGUA

15

¿Por qué se vuelve negra el azúcar?

¿Qué sucede?

El azúcar está formada por carbón, hidrógeno y oxígeno. Al calentarla a 500° C, se descompone y se transforma en carbón negro (lo que queda en la cuchara) y humo (lo que se eleva). La descomposición del azúcar es un cambio permanente.

PARA DARLE FORMA AL VIDRIO

Conforme aumenta la temperatura, el vidrio se vuelve más y más suave. Para darle forma, los obreros soplan por un tubo de hierro para expandir las burbujas del vidrio. Cortan las burbujas para formar jarras, ornamentos y otros objetos.

Cambiar de estado

Existen tres estados de la materia: sólido, líquido y gaseoso. Las sustancias cambian de estado al calentarse. El calor derrite un sólido y lo convierte en líquido, o hace hervir un líquido y lo convierte en gas. Estos cambios son temporales, pues al enfriarse vuelven a su estado original. Los gases se condensan y quedan líquidos; los líquidos se congelan y se vuelven sólidos.

De gas

a líquido

a sólido

El aire está lleno de vapor de agua invisible. Congela esta mezcla para atrapar ese gas y convertirlo en hielo visible.

NECESITARÁS 30

- CUBITOS DE HIELO
- UN TRAPO DE COCINA
- DOS GOMAS ELÁSTICAS
- UN RODILLO
- SAL
- UNA TAZA GRANDE, DE COLOR OSCURO
- UNA CUCHARA

INTERESANTE

Hasta luego, vapor de agua

Desde hace millones de años, el flujo del agua ha contribuido a darle forma a la Tierra. El calor del Sol evapora el agua del mar (la transforma en vapor de agua). El vapor se eleva y, al enfriarse, forma nubes llenas de pequeñas gotas de agua. Estas gotas caen en forma de lluvia Los ríos llevan el agua de regreso al mar y, en su camino, han creado valles entre colinas y montañas.

3 Notarás que en el exterior de la taza aparece un sólido blanco. Alcanza el mismo nivel que la sal y el hielo en el interior. Raspa un poco de este sólido con la cuchara y observa cómo se vuelve líquido.

1 Coloca diez cubitos de hielo en una orilla del trapo y enróllalo para que parezca un embutido. Amarra cada extremo con las gomas elásticas. Pon el 'embutido' en una superficie firme y tritura el hielo con el rodillo.

2 Llena media taza con hielo triturado. Añade un cuarto de taza de sal. Agita la mezcla. No muevas la taza por 20 minutos.

Hervir y evaporar

Moja y escurre dos pañuelos de algodón grandes. Cuelga uno en un lugar caliente o soleado y el otro en un lugar frío o fresco. Verifica cada cinco minutos el estado de los pañuelos.

NECESITARÁS

- DOS PAÑUELOS DE ALGODÓN GRANDES
- UN LUGAR SOLEADO O UN CUARTO CALIENTE
- UN LUGAR FRÍO O FRESCO
- AGUA

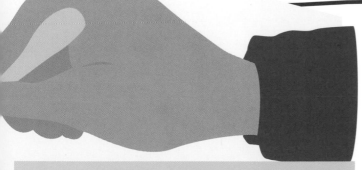

¿Qué pañuelo se secará primero?

¿Qué sucede?

No te sorprenderá que el pañuelo que pusiste en un lugar caliente se seque primero que el otro. Pero, ¿por qué sucede así? Conforme el agua absorbe el calor del aire a su alrededor, se transforma en vapor de agua. Cuando esto sucede, se dice que el agua se evapora. Cuanto mayor sea la temperatura, más rápida será la evaporación. El pañuelo que quedó en el lugar caliente se seca más rápido, porque el agua en él se evapora más rápido.

¿Qué sucede?

La temperatura del hielo desciende aún más cuando le agregas sal. La mezcla en el interior de la taza hace que el exterior de ésta se enfríe mucho. El aire que nos rodea incluye vapor de agua disuelto. Cuando el vapor invisible toca el exterior de la taza, se condensa (se convierte en agua líquida). De inmediato se congela y se vuelve hielo. Al raspar un poco con la cúchara, se calienta y se derrite, quedando como agua.

ACERO LÍQUIDO

El acero se derrite alrededor de los 1 540° C. A esa temperatura da un brillo blanco y caliente, y es casi ocho veces más pesado que la misma cantidad de agua. En esta foto, se ve cómo se vierte acero líquido en moldes para hacer partes de máquinas.

Cambios permanentes

Como descubriste en las páginas 20 y 21, algunos cambios son temporales y son fáciles de revertir. Por ejemplo, el chocolate se derrite con el calor, pero vuelve a ser sólido cuando se enfría. Otros cambios son permanentes e irreversibles. Por ejemplo, al hervir un huevo, lo cambias para siempre. Son tres las formas más comunes de llevar a cabo cambios permanentes: mezclando sustancias, calentándolas, o pasando electricidad a través de ellas.

⚠ Un cambio para variar

Al mezclar vinagre y bicarbonato de sodio, se produce dióxido de carbono, un gas que apaga las llamas. Pide ayuda a un adulto para los pasos 2 y 3.

NECESITARÁS **15**
- ◆ BICARBONATO DE SODIO
- ◆ UN TAZÓN REFRACTARIO PARA POSTRE
- ◆ UNA VELA PEQUEÑA
- ◆ VINAGRE
- ◆ PLASTILINA
- ◆ UNA CUCHARA PARA POSTRE

1 Usando la plastilina, fija la vela al fondo del tazón. Esparce cinco cucharadas de bicarbonato de sodio alrededor de la vela.

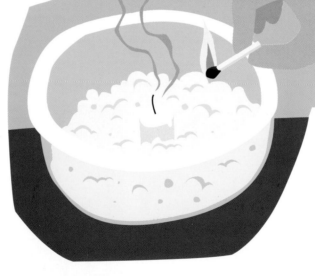

2 Que un adulto prenda la vela y, después, vierta vinagre alrededor de la vela con la cuchara (sin tocar la llama). El líquido y el polvo harán espuma al mezclarse.

3 Dile a tu ayudante que cuando la espuma cubra la mitad de la vela, deje de agregar vinagre. De repente, la vela se apagará. Pide a tu ayudante que intente prender la vela.

¿Qué sucede?

Al mezclar bicarbonato de sodio y vinagre, tiene lugar un cambio permanente. Las partículas de las dos sustancias se combinan de distinto modo y crean nuevas sustancias. Una de ellas es el gas llamado dióxido de carbono (el que origina la espuma). Es un gas más pesado que el aire. Aunque no lo puedes ver, llena el tazón y apaga (extingue) la llama. Muchos extintores funcionan con dióxido de carbono.

Modelos en el horno

Haz diversas figuras con arcilla horneable. Nota cómo se siente y cómo se ve mientras le das forma. Pídele a un adulto que siga las instrucciones del producto y hornee tus modelos. Déjalos enfriar. ¿Qué cambios hubo en su apariencia y cómo se siente al tocarlos?

¿Cómo cambia la arcilla al hornearla?

NECESITARÁS
◆ ARCILLA HORNEABLE
◆ UN HORNO

15

¿Qué sucede?

La masa para moldear es suave y blanda. Está formada por partículas largas y delgadas que se deslizan entre sí cuando aprietas la masa. Sin embargo, al ser horneada, se forman conexiones permanentes entre sus partículas. Éstas ya no pueden deslizarse: por eso tus figuras se endurecen.

Efecto eléctrico

Pídele a un adulto que descubra las puntas de los cables, conecte un extremo de los cables a una pila y sumerja el otro en el agua con sal. ¿Qué le pasa a los cables? ¿Reconoces el olor?

NECESITARÁS
◆ UNA PILA DE 4.5 O 6 VOLTIOS
◆ DOS CABLES AISLADOS DE 20 CM DE LARGO
◆ SAL
◆ UN VASO DE PLÁSTICO TRANSPARENTE CON AGUA

20

¿Qué sucede?

La electricidad transforma parte de la solución salada en cloro, un gas que produce burbujas. El cloro se usa para desinfectar el agua de las piscinas.

UNA REACCIÓN QUÍMICA

Los niños de la foto están estudiando las reacciones químicas que provocan cambios permanentes. Comienzan usando sustancias llamadas reactivos. El cambio en los reactivos produce nuevas sustancias, los productos.

Quemar

'Combustión' es el nombre científico de quemar. Para iniciar un fuego, necesitas un combustible y aire. El combustible puede ser sólido (madera, carbón) o líquido (gasolina, queroseno). Al arder, el combustible se mezcla con el oxígeno del aire y tiene lugar un cambio permanente que produce calor. Antes de arder rápidamente, los combustibles sólidos y líquidos deben transformarse en gases. Cuando se queman, muchos combustibles producen dióxido de carbono y vapor de agua.

⚠ Aire y fuego

Descubre si las llamas necesitan del aire para arder y qué tanto aire usan. Pídele a un adulto que haga la actividad para que puedas observarlo.

NECESITARÁS **20**
- UNA VELA DE 5 CM DE ALTO
- UNA BANDEJA PARA ASAR
- UNA JARRA DE VIDRIO GRANDE
- AGUA
- PLASTILINA

1 Utiliza la plastilina para fijar la vela en el centro de la bandeja. Vierte agua en la bandeja hasta una altura de 2 cm.

3 En cuanto la jarra esté en su lugar, observa con cuidado la vela. ¿Qué le pasa al nivel del agua dentro de la jarra?

2 Pídele a un adulto que encienda la vela y que coloque la jarra sobre ésta. El borde de la jarra debe quedar bajo el agua, descansando sobre el fondo de la bandeja.

¿Qué sucede?

Verás cómo sube el nivel del agua dentro de la jarra. Lo hace para reemplazar el oxígeno quemado por la llama. La vela se apagará una vez que se acabe el oxígeno. Aún hay aire dentro de la jarra, pero es casi puro nitrógeno, un gas que impide que se quemen los combustibles.

Buscadores de petróleo

Los automóviles, camiones, barcos y aviones necesitan combustibles líquidos hechos con petróleo (también llamado crudo). Este líquido, oscuro y aceitoso se extrae de las profundidades del planeta. El primer pozo petrolero fue perforado por Edwin L. Drake en 1859, en Titusville, Pensilvania (Estados Unidos). Encontró petróleo apenas a 23 metros de profundidad. Los pozos actuales se llegan a perforar a 5 000 metros bajo tierra.

Un acercamiento a las llamas

Pídele a un adulto que prenda la vela. Obsérvala con cuidado, pero no muy cerca. ¿Puedes ver las tres partes de la llama?

NECESITARÁS
◆ UNA VELA DE 50 CM DE ALTO

5

¿Por qué tiene varios colores?

¿Qué sucede?

El calor de la llama derrite la cera cerca de la base de la mecha. La cera derretida empapa incluso la mecha que está en la llama. La cera en la parte quemada de la mecha se convierte en gas. Este vapor de cera se mezcla con el aire y se quema, dándole el color azul a la llama. Esta mezcla sube hasta la mitad de la llama. Ahí, las partículas de carbón de la cera brillan con una luz amarilla.

ESPUMA *VS.* FUEGO
Los bomberos rocían el combustible en llamas del avión con espuma para apagar el fuego y enfriar el combustible. Las burbujas de la espuma contienen dióxido de carbono y otros productos químicos, que evitan que el oxígeno aumente las llamas.

Cernir sólidos

Es posible separar mezclas con sólidos de diferentes tamaños usando un cernidor. Por ejemplo, la tierra es una mezcla de varios sólidos (arena, arcilla y humus). Las partículas más grandes las retiene el cernidor, mientras que las pequeñas pasan a través de sus hoyos, para ser recolectadas más tarde.

Para separar la tierra

Vamos a usar dos tipos de cernidores para separar la tierra en cuatro pilas de partículas, según su tamaño.

NECESITARÁS   **25**
- UN ESCURRIDOR
- UN COLADOR DE COCINA
- CUATRO HOJAS GRANDES DE PAPEL
- COMPOSTA ESTERILIZADA (CONSÍGUELA EN UN VIVERO)
- UNA LUPA

Cernido de harina

Antiguamente, la harina se hacía moliendo trigo entre dos enormes piedras giratorias. Hace unos 120 años, algunos molineros de Hungría y Suiza comenzaron a usar rodillos cilíndricos para pulverizar los granos. Se colocaban diez cernidores con hoyos de diferentes tamaños, uno sobre otro, para separar el grano molido en diferentes tipos de harina.

3 Con suavidad, extiende la muestra de cada hoja. Usando la lupa, observa cada pila con cuidado.

1 Numera las hojas del 1 al 4. Pon un poco de composta en el escurridor. Sostén el escurridor sobre la hoja 2 y agítalo con suavidad. Cuando ya no pase más tierra, vuelca el resto en la hoja 1.

2 Toma parte de la muestra de la hoja 2 y ponla en el colador. Sosténlo sobre la hoja 4 y dale golpecitos hasta que no pasen más partículas. Vuelca el resto en la hoja 3.

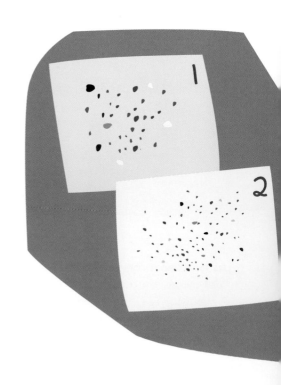

28

Hoyos más pequeños

Pon un poco de tierra en el vaso. Coloca un pedazo de aluminio sobre la boca del vaso y asegúralo con la goma elástica alrededor del borde. Haz hoyos pequeños en el papel aluminio con la aguja. Pon el vaso de cabeza y sacúdelo con suavidad. Observa con cuidado las partículas que quedan en la hoja.

¿Cuáles partículas pasan por los hoyos?

NECESITARÁS

15

- PAPEL BLANCO
- UN VASO DE VIDRIO TRANSPARENTE
- TIERRA SECA
- PAPEL ALUMINIO
- UNA GOMA ELÁSTICA
- UNA AGUJA FINA

¿Qué sucede?

Los hoyos en el aluminio miden menos de 1 mm de diámetro. Las partículas de arcilla suelen ser las únicas que pasan a través de los hoyos. Estas partículas parecen marcas de polvo en el papel. Para ver las partículas individuales, necesitarías un microscopio muy poderoso.

¿Qué sucede?

Los hoyos del escurridor miden unos 4 mm de diámetro. Sólo partículas más pequeñas que 4 mm pueden pasar a través de ellos. El colador separa las partículas más pequeñas que 4 mm. Sus hoyos miden 1 mm. Las partículas que se quedan en el colador miden más de 1 mm, pero menos de 4 mm. Las que pasan miden menos de 1 mm. Las partículas más grandes están en la hoja 1, las más pequeñas, en la hoja 4.

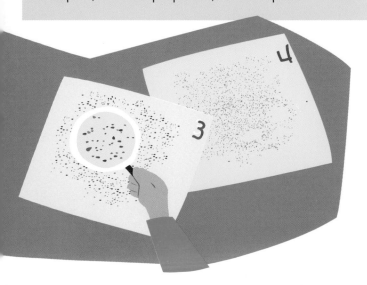

PARA RESPIRAR AIRE LIMPIO

El aserrín que desechan las pulidoras puede dañar los pulmones. Estos hombres usan máscaras de seguridad hechas de fibras de papel o algodón. Funcionan como cribas muy finas. Los espacios entre las fibras permiten pasar el aire, pero evitan el paso de las partículas de madera.

Soluciones y suspensiones

Las sustancias como la sal y el azúcar se disuelven o descomponen en el agua. Decimos que son solubles. Al ser mezcladas con agua, las sustancias solubles desaparecen poco a poco, conforme se disuelven para formar una solución. Las sustancias como el yeso y la arena no se disuelven en el agua. Decimos que son insolubles. Al agitar una sustancia insoluble en agua, sus partículas se dispersan y forman una mezcla llamada suspensión.

¿Solución o suspensión?

Añade diferentes sólidos al agua. Determina cuáles se disuelven para formar una solución y cuáles se dispersan en una suspensión.

NECESITARÁS

25

- CUATRO BOTELLAS DE PLÁSTICO DE 500 ML CON TAPA
- AGUA
- UNA CUCHARITA
- UN EMBUDO DE PLÁSTICO
- AZÚCAR, ARENA FINA, GRÁNULOS DE CAFÉ INSTANTÁNEO, HARINA SIN LEVADURA

1 Agrégale una cucharada de azúcar a una botella. Usa el embudo para guiar los cristales por el cuello de la botella. Añade el azúcar con calma para que no se bloquee el embudo.

3 Trata de localizar (si las hay) partículas sólidas en cada botella. Determina cuáles sólidos forman soluciones y cuáles, suspensiones.

2 Repite el paso 1, con un sólido diferente para cada botella. Ahora, llena las botellas de agua hasta la mitad y tápalas con firmeza. Agita cada botella unas diez veces.

¿Qué sucede?

Los gránulos de café y el azúcar se disuelven en el agua y forman soluciones. Todas las soluciones son transparentes y se ve a través de ellas. La solución de azúcar es incolora y la de café, parda. La arena y la harina no se disuelven. Al mezclarlas con agua y agitarlas se crea una suspensión. Los granos más grandes se asientan en el fondo. Las suspensiones no son transparentes y no es fácil ver a través de ellas.

El misterio de la leche

¿Es la leche una solución o una suspensión? Descúbrelo añadiendo una o dos gotas de leche en un vaso de agua. Observa de cerca cómo se desplaza la leche.

NECESITARÁS

⏱ **5**

- ◆ UN VASO GRANDE Y TRANSPARENTE CON AGUA
- ◆ LECHE
- ◆ UNA CUCHARITA

La leche: ¿una sola sustancia o una mezcla?

¿Qué sucede?

Es imposible ver a través de la leche, inclusive tras añadirle agua. La leche está hecha de gotas de grasa suspendidas en agua. La grasa es insoluble y sus gotas son demasiado pequeñas para asentarse. Los científicos llaman 'emulsiones' a este tipo de mezclas. La pintura tipo emulsión está formada por gotas microscópicas de aceite coloreado, suspendidas en agua.

La creación de los colores

La pintura es de colores por las diminutas partículas de color, llamadas pigmentos, que contiene. Estas partículas están suspendidas en un líquido aglutinante que se seca al contacto con el aire. Los primeros pintores molían minerales o productos químicos coloridos para hacer sus pigmentos. Para que cuajara el color, usaban clara de huevo o aceites pegajosos hechos de savia de árbol hervida.

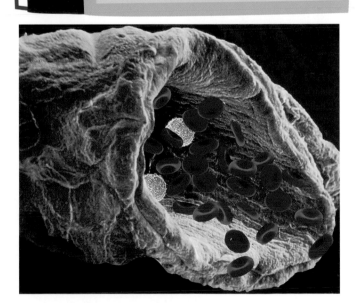

UNA MEZCLA DE MEZCLAS

La sangre es, a la vez, solución y suspensión. Corre a través de tu cuerpo por tubos llamados venas y arterias. Glóbulos rojos y blancos están suspendidos en un líquido transparente llamado plasma. El plasma es una solución formada por cientos de diferentes sustancias disueltas en agua.

31

Filtrar mezclas

El agua turbia es un ejemplo de una suspensión. Está conformada por pequeñas partículas sólidas esparcidas en un líquido. Si quieres separar las partículas de una suspensión, usa un filtro. Los filtros funcionan como los cernidores, pero tienen orificios microscópicos llamados poros. Suelen estar hechos de un papel grueso y esponjoso. La parte líquida de la suspensión pasa a través de los hoyos entre las fibras, mientras que los sólidos quedan atrapados.

Filtrar harina

Al mezclar harina con agua queda una suspensión turbia. Devuélvele su claridad al agua con un papel filtro para café.

NECESITARÁS
20

- UN EMBUDO PARA FILTRAR CAFÉ
- PAPEL FILTRO PARA CAFÉ
- AGUA
- HARINA SIN LEVADURA
- TRES VASOS DE VIDRIO TRANSPARENTE
- UNA CUCHARITA

¿En cuál vaso está más claro el líquido?

1 Pon media cuchara de harina en un vaso. Llena el vaso con agua y agita la mezcla para que quede una suspensión de harina en agua.

3 Cuando la suspensión llegue a un tercio del segundo vaso, mueve el embudo y el filtro al tercero. Cuando ya no caiga más líquido, observa el papel. Ahora ve el líquido en cada vaso y nota las diferencias.

2 Coloca el embudo en un vaso vacío y un papel filtro dentro de éste. Vierte dos tercios de la suspensión de harina y agua en el filtro.

¿Qué sucede?

Al principio, el líquido pasa rápido a través del filtro. Muchas partículas quedan atrapadas, excepto las más pequeñas. Por tanto, el líquido filtrado en el primer vaso se ve un poco borroso. El líquido pasa más lento conforme se bloquean los poros del filtro. Algunas partículas pequeñas ya no pueden pasar: el líquido filtrado en el tercer vaso está casi limpio.

Un filtro de arena

Corta la botella por la mitad. Coloca la mitad del 'embudo' boca abajo dentro de la otra mitad. Llena la botella con algodón absorbente, guijarros, grava y arena, para crear un filtro como el del dibujo. Vierte una mezcla de composta y agua en la botella y observa como gotea. ¿De qué color son las gotas? ¿A qué velocidad pasa el agua?

NECESITARÁS
- AGUA
- UNA BOTELLA DE PLÁSTICO DE 500 ML (AGUA, REFRESCO, ETC.)
- TIJERAS
- ALGODÓN ABSORBENTE
- ARENA, GRAVA, GUIJARROS
- COMPOSTA PARA MACETAS

15

¿Cómo limpia un filtro el agua corriente?

arena

grava

guijarros

algodón absorbente

¿Qué sucede?

La arena, la grava, los guijarros y las fibras del algodón actúan en conjunto como un filtro. Evitan que los sólidos en el agua lleguen al fondo. Los sólidos atrapados se llaman residuos y el líquido que pasa, filtrado. El agua corriente suele provenir de ríos y lagos. Pasa a través de enormes filtros de arena que la limpian y purifican. Se le añaden productos químicos para matar los gérmenes.

Filtrado de gérmenes

Alrededor de 1880, los médicos descubrieron que los gérmenes son la causa de muchas enfermedades. Clasificaron los gérmenes en dos tipos: 'filtrables' y 'no filtrables'. Las bacterias son gérmenes 'filtrables'. Causan, por ejemplo, intoxicaciones alimenticias. Son suficientemente grandes para ser detenidas por un filtro. Los gérmenes 'no filtrables' son más pequeños y no los detiene un filtro. Se les llama virus y causan enfermedades como la varicela y la gripe.

ALIMENTO FILTRADO

La ballena jorobada filtra su alimento a través de cientos de delgadas láminas en su boca, llamadas 'barbas'. Los bordes interiores de las láminas tienen fibras llamadas cerdas, las cuales filtran las partículas alimenticias del agua. Por cada 4 000 litros de agua que traga, la ballena filtra 20 kg de diminutas partículas alimenticias.

Evaporar soluciones

Un sólido, como la sal, disuelto en agua da una solución. Las soluciones se ven como agua pura, ya que el sólido se ha descompuesto en pequeñas partículas invisibles. Para que reaparezca el sólido, debes hacer que la solución se evapore, que el líquido se convierta en un gas. Conforme éste desaparece, el sólido reaparece: ya no hay líquido suficiente para disolverlo.

Evapora una solución de sal

La sal sólida parece desaparecer al disolverse en el agua. Evapora el agua para recobrar la sal.

NECESITARÁS

◆ SAL
◆ AGUA TIBIA
◆ UN PLATO
◆ UN VASO DE VIDRIO TRANSPARENTE
◆ UNA CUCHARITA

20

¿Por qué se evapora el agua?

1 Llena un tercio del vaso con agua tibia. Agrega una cucharada de sal y agita la mezcla hasta que se disuelva la sal.

2 Vierte la solución en el plato hasta que quede una capa poco profunda. Lleva el plato a un lugar bien ventilado, donde le dé el sol.

3 Revisa el plato una o dos veces diarias, durante los siguientes dos o tres días. ¿Qué sucede conforme se evapora el agua?

¿Qué sucede?

El calor evapora el agua: la convierte en un vapor de agua, un gas invisible que se dispersa en el aire. El líquido se separa de la solución poco a poco, dejando atrás la sal disuelta. Verás cómo se forma una corteza dura en el plato, conforme se evapora el agua.

Una estalactita en miniatura

Llena tres cuartos de cada recipiente con agua caliente. Agrega azúcar agitando hasta que ya no se disuelva. Coloca un clip en cada extremo del hilo de lana. Mete un extremo en cada recipiente, de manera que el estambre cuelgue entre los dos. Coloca un platito entre los recipientes y déjalos en un lugar caliente. Revisa el estambre diario, durante una semana.

NECESITARÁS
- UN HILO DE LANA
- DOS CLIPS
- AGUA CALIENTE
- UN PLATITO
- UNA CUCHARA
- DOS RECIPIENTES
- AZÚCAR

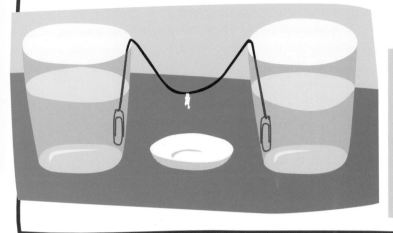

¿Qué sucede?

La solución en cada recipiente está saturada: ya no puede disolver más azúcar. El líquido empapa todo el hilo y lo junta en el punto más bajo entre ambos recipientes. Allí se evapora el agua, pero la parte sólida no se disuelve. Los cristales de azúcar sólida se juntan y comienzan a crecer conforme el hilo absorbe más y más solución de las recipientes.

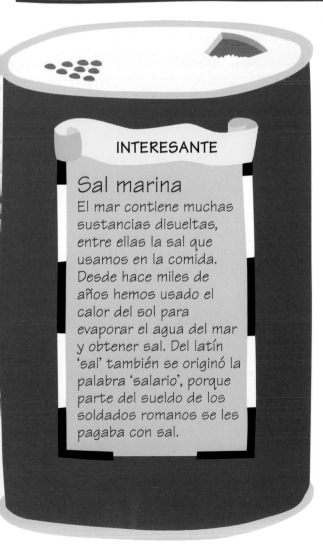

INTERESANTE

Sal marina

El mar contiene muchas sustancias disueltas, entre ellas la sal que usamos en la comida. Desde hace miles de años hemos usado el calor del sol para evaporar el agua del mar y obtener sal. Del latín 'sal' también se originó la palabra 'salario', porque parte del sueldo de los soldados romanos se les pagaba con sal.

ESTALACTITAS Y ESTALAGMITAS

El agua de lluvia gotea a través de grietas subterráneas, disolviendo la piedra caliza a su paso. Al gotear en una caverna, el agua se evapora, dejando un depósito de piedra caliza en la bóveda. Tras miles de años, los depósitos se convierten en estalactitas (hacia abajo). En el punto donde caen las gotas, crecen estalagmitas (hacia arriba).

Soluciones saturadas

¿Cuánta azúcar puedes disolver en una taza de café? Cerca de 20 cucharadas. Si añades más, el azúcar sólida, sin disolverse, se asienta en el fondo de la taza. Cuando una solución no puede disolver más sólido, se convierte en una solución saturada. La cantidad de sólido necesaria para saturar una solución varía de una sustancia a otra.

¿Cuánto sólido?

La solubilidad de una sustancia se define como la cantidad necesaria para hacer una solución saturada. Cada sustancia tiene diferente solubilidad.

¿Cuál sustancia es más soluble?

NECESITARÁS
- SAL
- BICARBONATO DE SODIO
- AZÚCAR
- SEIS CUCHARITAS
- TRES VASOS DE VIDRIO TRANSPARENTE
- AGUA
- ETIQUETAS ADHESIVAS Y UN BOLÍGRAFO O BIROME

25

1 Etiqueta cada vaso ('Azúcar', 'Sal', 'Bicarbonato'). Llénalos a la mitad con agua y coloca una cuchara dentro de cada uno.

3 Añade más sólido a cada vaso, hasta que ya no se disuelva. Lleva la cuenta de cuántas cucharadas pudiste disolver.

2 Añade una cucharada de azúcar en el vaso etiquetado 'Azúcar'. Agita hasta que se disuelva. Repite este paso con el bicarbonato de sodio y la sal.

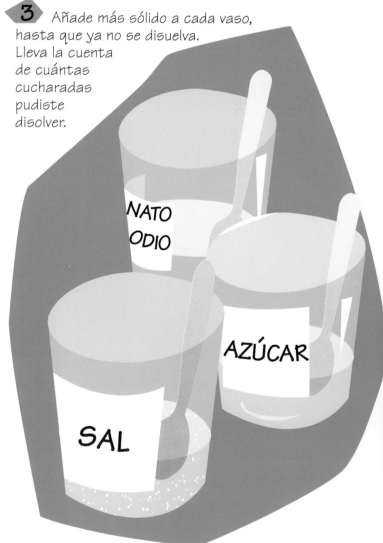

¿Qué sucede?

Para asegurar la imparcialidad de la prueba, cada vaso tiene la misma cantidad de agua. El azúcar se disuelve más que la sal, así que es más soluble. El bicarbonato de sodio se disuelve menos que el azúcar y la sal, así que es la sustancia menos soluble de las tres.

Granja de cristales

Llena un vaso a la mitad con agua tibia. Agrega azúcar y agita hasta que no se disuelva más; vierte la solución transparente en el otro vaso. Con ayuda de un lápiz y un hilo, suspende el clip dentro de la solución. Vigila el clip diario, durante una semana, y observa lo que sucede.

NECESITARÁS

◆ AZÚCAR
◆ DOS VASOS DE VIDRIO TRANSPARENTES
◆ UN LÁPIZ
◆ UN HILO
◆ UN CLIP

15

¿En qué parte crecen más cristales?

¿Qué sucede?

El agua se evapora poco a poco. Los cristales comienzan a aparecer cuando ya no hay agua suficiente para disolver todo el sólido. Los cristales crecen en lugares rugosos, como los bordes del clip. El agua del vaso se evapora muy lento, porque hay poco espacio hacia dónde pueda ir. Esta evaporación lenta ayuda al crecimiento de cristales más grandes.

Burbujas efervescentes

Pon una botella de una bebida gaseosa en la heladera o refrigerador y otra en un balde o cubo con agua tibia. Media hora después, abre ambas botellas (encima del fregadero o pileta). ¿Qué pasa?

NECESITARÁS

◆ DOS BOTELLAS DE BEBIDAS GASEOSAS
◆ UNA HELADERA O REFRIGERADOR
◆ UN BALDE CON AGUA TIBIA

5

¿Qué sucede?

Las bebidas gaseosas están compuestas por dióxido de carbono disuelto en agua de sabor. La bebida caliente hará más espuma de dióxido de carbono, debido a que los gases se disuelven más en líquidos fríos que en los calientes. Cuando abres la botella, liberas la presión interna y el gas se separa de la solución en forma de burbujas.

¿Cuál bebida hace más espuma?

SEMILLAS DE AZÚCAR

El azúcar se produce con el jugo de la caña de azúcar o de la remolacha azucarera. Se agregan cien gramos de pequeños cristales semilla a un enorme tanque lleno con una solución saturada de jarabe azucarado. En menos de dos horas, todas las semillas crecen y el tanque contiene 20 toneladas de cristales de azúcar sólidos.

Glosario

Aislante   Sustancia que no permite que el calor y la electricidad pasen fácilmente a través de ella. La mayor parte de los líquidos, gases y algunos sólidos (madera, plástico) son aislantes.

Calor   Una forma de energía. Cuando el calor fluye a un objeto, su temperatura aumenta. La temperatura disminuye cuando el objeto pierde calor.

Combustión   Otra palabra para quemar.

Comprimir   Apretar una sustancia para que disminuya su volumen y ocupe menos espacio del que ocupaba antes. Es muy fácil comprimir gases. Es casi imposible comprimir líquidos y sólidos.

Condensar   Cambiar un gas a líquido, normalmente enfriándolo.

Conductor   Sólido que permite que pase calor (y electricidad) a través de él. El cobre, el aluminio y otros metales son buenos conductores (ver **Aislante**).

Congelamiento   Cuando un líquido se transforma en sólido, usualmente por enfriamiento.

Contracción   Cuando un objeto se hace más pequeño. La mayor parte de los sólidos, y todos los líquidos y gases se contraen al enfriarse y disminuir su temperatura.

Derretir(se)   Cuando un sólido se convierte en líquido, usualmente por calentamiento.

Disolver   Cuando una sustancia desaparece y se mezcla con otra. La sal se disuelve en agua y forma una solución salina.

Elástico   Sólido que cambia de forma cuando se aprieta o estira. Cuando deja de ser afectado, retoma su forma original.

Energía   La energía es necesaria para que las cosas sucedan. Es la capacidad de trabajar. El calor y la electricidad son dos tipos de energía. Los combustibles contienen energía y la liberan cuando se queman.

Evaporar(se)   Cuando un líquido se transforma en vapor (gas), normalmente al ser calentado.

Expandir(se)   Cuando un objeto se hace más grande. Al ser calentados y aumentar su temperatura, los sólidos, los líquidos y los gases se expanden.

Filtrado   Parte líquida de una suspensión que pasa a través de un filtro.

Frágil   Sólido que se rompe con facilidad al doblarlo o que queda hecho pedazos al golpearlo. Lo opuesto de resistente.

Fuerza   Un empujón o un tirón. Las fuerzas pueden hacer trabajos y acelerar, disminuir o cambiar la forma de los cuerpos. Las fuerzas pueden cancelarse cuando se tiran o empujan entre sí.

Hervir   Cuando surgen burbujas con rapidez en un líquido, salen a la superficie y revientan, liberando vapor. Hervir es la manera más rápida de evaporar algo.

Insoluble   Sustancia que no se disuelve en un líquido.

Longitud   Medida de la distancia entre dos lugares. La unidad de longitud es el metro (m).

Un metro equivale a 100 centímetros (cm) o 1 000 milímetros (mm). Un kilómetro (km) es igual a 1 000 m.

Masa   Cantidad de materia en un objeto. La unidad de masa es el kilogramo (kg). Un kilogramo es igual a 1 000 gramos (g). Mil kilogramos forman una tonelada (t).

Materia   Cualquier cosa que tenga masa y ocupe espacio.

Material   Diversos tipos de sólidos, por ejemplo: acero, papel, piel, piedra, plástico. Para fabricar un objeto, se usan diferentes tipos de materiales.

Materiales puros   Sustancias naturales usadas para fabricar productos útiles. Los materiales puros se extraen del suelo (mineral de hierro, petróleo crudo), del agua del mar (bromo y yodo para medicinas) y del aire (oxígeno, nitrógeno).

Permanente   Un cambio que no puede ser revertido con facilidad.

Peso   Fuerza con que la gravedad actúa sobre un objeto. Una bolsa de azúcar tiene una masa de 1 kg en la Tierra y un 1 kg en la Luna. Su peso en la Tierra es seis veces mayor que en la Luna, debido a la que la gravedad de la Tierra es seis veces mayor que la de la Luna.

Presión   Medida de la cantidad de fuerza que hace presión sobre una superficie u objeto. Tus pies ejercen presión sobre el suelo. La presión del aire dentro de un globo lo mantiene inflado.

Producto químico   Sustancia pura. La sal es un producto químico, llamado por los científicos cloruro de sodio.

Químico   Científico que estudia los cambios permanentes que producen nuevas sustancias.

Resistente   Sólidos que no son fáciles de doblar y que no se rompen en pedazos al ser golpeados. Lo opuesto de frágil.

Solidificar(se)   Cuando un líquido se transforma en sólido, usualmente al ser enfriado.

Solubilidad   Medida de cuántos sólidos o líquidos se disuelven en una cantidad dada de líquido.

Soluble   Una sustancia que se disuelve en un líquido.

Solución   Mezcla que resulta de disolver un sólido en un líquido.

Solución saturada   Solución que no puede disolver más sólido.

Suspensión   Mezcla creada agitando pequeñas partículas insolubles en un líquido.

Sustancia   Cualquier tipo de materia. Una sustancia puede ser sólida, líquida o gaseosa. Una palabra común para sustancia es 'cosa'.

Temperatura   Medida que describe lo caliente que está un objeto. En la escala Celsius, el agua se congela a los 0° C y hierve a los 100° C.

Temporal   Cambio que puede ser revertido con facilidad.

Vapor   Otra palabra para gas.

Volumen   Medida de la cantidad de espacio ocupado por un objeto. La unidad de volumen es el litro (l). Un litro es igual a 1 000 mililitros (ml). Los mililitros son lo mismo que los centímetros cúbicos (cm^3).

Índice

Créditos de las fotografías

(Esquina inferior derecha, páginas impares)

Bruce Coleman 13, 33
DIY Photo Library 17
Impact Photos 21
Inter IKEA Systems B.V.1999 7
Photofusion 25
Rex Features 27
Robert Harding 9, 11, 15, 23, 31, 35
Science Photo Library 37
Tony Stone 19
The Stock Market 29